Im Tal der Loreley

UNESCO-Welterbe Oberes Mittelrheintal

Gesamtherstellung und Copyright by
SCHÖNING GmbH & Co KG
An der Hülshorst 5 · 23568 Lübeck
Tel. (0451) 3103-0 · Fax (0451) 3 52 83
info@schoening-verlag.de
www.schoening-verl
ISBN: 978-3-89917-5
1. Auflage

Das UNESCO-Welterbe zwischen Rüdesheim und Koblenz

„Ich weiß nicht, was soll es bedeuten ..." – so beginnt das bekannte Loreley-Lied von Heinrich Heine und spielt damit auf die romantische Sehnsucht nach heldenreichem Mittelalter, ungebändigter Naturlandschaft und sagenhaften Mythen an. Das Mittelrheintal zwischen Rüdesheim und Koblenz befriedigt diese Wünsche der Besucher schon seit weit mehr als 200 Jahren und legte damit einst den Grundstein zur sprichwörtlichen Rheinromantik. Ein abenteuerliches Versprechen, das in ganz Europa nachhallte und damit Reisende aus nah und fern in seinen Bann schlägt. Der besänftigte Rheinstrom, wie er heute erlebbar ist, war zu früheren Zeiten ungestüm, aufbrausend und durch Felsen und Untiefen gefährlich für Mann und Boot. Die Faszination vor den Naturgewalten, aber auch die Rückbesinnung auf die im Mittelalter geschätzten Werte von Rittertum und Minne zogen die Menschen magisch an. Wie kaum ein anderes Tal zieren über 40 Burgen, Burgruinen und Schlösser die Höhen und Ufer – eine bauliche Juwelenkette mit Wehrgängen, Zinnen und Schießscharten, die bewusst macht, wie sehr der Rhein über die Zeiten hinweg Zank-, aber auch Reichsapfel zugleich war. Könige und Kaiser, Kurfürsten und Erzbischöfe demonstrierten hier ihre Macht und Wacht am Rhein.

Kaufleute nutzten hingegen den Strom als natürlichen Transportweg und mussten immer wieder unbeliebte Zollstationen und gefährliche Raubritterüberfälle zwischen den historischen Handelszentren Frankfurt, Mainz und Köln fürchten. Der Rhein verband und trennte. Schon in der Antike trafen hier Römer und Germanen aufeinander, zeigten später französische Truppen unter Ludwig XIV. und Napoleon I. ihr Interesse an dieser Region.

So mancher Besucher von einst und heute mag da den Wein für sich entdeckt haben. Der Mittelrhein ist nicht die größte, aber doch eine der besten und imposantesten Weinregionen in

Deutschland. Die steilen Hänge des Rheintals sind bis heute eine Herausforderung für den Winzer. Auf den Terrassen gedeihen zum Lohn vor allem rassige Rieslingweine, die zu den besten ihrer Art zählen. Schon Geheimrat Goethe und auch Heinrich Heine genossen den Rheinwein und schätzten seinen Geschmack. In den zahlreichen Orten am Fluss sind die Geschichte des Weinbaus und auch der Handel mit den feinen Tropfen noch immer erlebbar. Manch schöner Fachwerkhof und manch alte Jugendstilvilla künden von der harten, aber auch ertragreichen Arbeit im Weinberg.

Die Symbiose aus Flusstal, Weinbau und bedeutsamer Historie ist somit nur der folgerichtige Grund, warum das Obere Mittelrheintal in die Liste der UNESCO Welterbestätten aufgenommen wurde. Ein besonderes Prädikat, das den Blick des Besuchers auf die Besonderheiten dieser Region schärft. Eine grandiose Naturlandschaft mit schroffen Felsen und fließendem Strom, eine gelebte Genusslandschaft mit bestem Wein und regionalen Spezialitäten und nicht zuletzt eine einzigartige Kulturlandschaft mit Zeugnissen aus 2000 Jahren.

Die sagenhafte, schöne Loreley hat sich für ihren betörenden Zauber eben eine sagenhaft schöne Landschaft ausgesucht!

Dem Rheinstrom von Süden folgend, führt der Weg nach Rüdesheim an Johannisberg vorbei. Der berühmte Rheingauer Weinort liegt erhöht auf einer sonnigen Rheinterrasse und ist der Geburtsort der Spätlese. Hübsche Gassen, Weinschänken, Hotels mit angenehmer Atmosphäre und ein fast mediterranes Erscheinungsbild prägen diesen Ort. Schloss Johannisberg thront in seinem sonnigen gelben Putz über den Weinbergen, die sanft zum Tal hin abfallen und einen exzellenten Tropfen versprechen. Einst verspätete sich die Rückkehr des Reiters, der alljährlich die Genehmigung zur Weinlese vom Fürstabt in Fulda einholen musste, so sehr, dass die unansehnlichen, überreifen Trauben in Johannisberg keinen guten Wein mehr versprachen. Das Gegenteil war der Fall. Die Edelfäule, ausgelöst durch den Botrytispilz, sorgte für einen besonders feinen Tropfen, der alle überraschte. Die Spätlese war geboren. Heute zeugt das Denkmal im Hofe des Schlosses von dem glücklicherweise säumigen Spätlesereiter.

Basilika und Schloss Johannisberg

Auf diesem Teilstück des Rheines erscheint der Fluss breit und von einigen Rheininseln durchsetzt. Eine herrliche Verbindung von Wasser und Land, die sich am besten direkt von Bord der weißen Rheinschiffe erleben lässt. Hier am Rüdesheimer Ufer legen die schönen Ausflugsdampfer an und ab. Vielleicht ertönt dabei auch das Signal der „Goethe“, dem einstigen Schaufelraddampfer, der Nostalgie und Historie an Bord bietet. Den besten Platz für das Schauspiel der Rheinromantik bieten alle Fahrgastlinien hier am Rhein. Nur von hier zeigen sich die besten Ausblicke auf beide Ufer. Hunger und Durst muss dabei niemand fürchten und mit einem Glas Rheinwein in den Händen wird aus der Flussfahrt ein mehrfach sinnliches Urlaubserlebnis.

Schiffsanleger in Rüdesheim

Schon von Weitem lockt Rüdesheim mit seinen großen Weinberglagen den Besucher und verheißt mit seiner hübschen Altstadt eine facettenreiche Mischung aus Historie, Lebensfreude und Weinseligkeit. Die berühmteste Gasse am gesamten Mittelrhein ist die Drosselgasse. Sie führt von der Rheinuferstraße direkt hinein in die Weinlokale und in die von Reben umrankten Terrassen, wo es durchaus spät am Abend oder auch einmal früh am Morgen werden kann. Die rheinische Gemütlichkeit in geselliger Runde genießen hier Besucher aus aller Welt. Fachwerk, Weinfässer, Rebengrün, bunte Lichterketten und Musik gestalten den stimmungsvollen Rahmen für den Aufenthalt der Besucher. Nicht weit von hier zeugt der

▲ Rüdesheim vom Weinberg aus

Weinstuben auf 144 Meter: die Drosselgasse ▼

Boosen- und Brömserburg

Klunkhardshof

Adlerturm

helle Adlerturm aus dem 15. Jh. von der einstigen Stadtbefestigung. Konkurrenz erhält er nur vom mächtigen Bergfried der Boosenburg, der in seiner Höhe alle weiteren Gebäude der Stadt überragt. Boosenburg und Brömserburg gehen auf das 9. und 10. Jh. zurück und gehören damit zu den ältesten Bauwerken am gesamten Rheinabschnitt. Hinter den teils romanischen Mauern der Brömserburg hat sich das Rheingauer Weinmuseum mit zahlreichen interessanten Exponaten ein so passendes wie stimmungsvolles Refugium gesucht. Echte Perlen schöner Fachwerkarchitektur sind Klunkhardshof und der Brömserhof. Letzterer beeindruckt den Besucher mit wunderbaren Fresken im Ahnensaal und einer gotischen Kapelle. Nicht nur das Auge, sondern auch das Ohr wird heute hier verwöhnt, wenn im Museum für mechanische Musikinstrumente Klänge und Akkorde die Räume erfüllen.

Siegfrieds Mechanisches Musikkabinett

Nicht weit vom Stadtkern, im Ortsteil Eibingen, liegt von Weinbergen umgeben die Abtei St. Hildegard. Der wuchtige Baukomplex aus braunem Stein wirkt wie die Verbindung von Erde und Rebstock und beherbergt eine Gemeinschaft von Klosterfrauen, die nach den Regeln des heiligen Benedikt leben und in der Tradition einer der bedeutendsten Frauen des Mittelalters, der heiligen Hildegard, stehen. Die sehenswerte Kirche mit ihren Fresken im Stil der Beuroner Kunstschule und der gut sortierte Klosterladen heißen die Besucher, die den steilen Weg hinauf auf sich nehmen, gerne willkommen.

Ebenfalls bergan führt der Weg hinauf auf den Niederwald. Hier oben wacht die „Grande Dame" von Rüdesheim seit mehr als 130 Jahren über Stadt, Land und Fluss. Der Weg dorthin kann wahlweise durch die Weinberge oder bequemer mit Vogelperspektive über die Seilbahn erfolgen. Die Kabinen wirken wie leichte Gondeln, die über Häuser und Rebhänge hinweg lautlos in die Höhe gleiten. Eine durchaus traditionsreiche Art, den Niederwald auf bequeme Weise zu erklimmen, gehört die Seilbahn doch seit langer Zeit zum Panorama von Rüdesheim. Rund 350 Meter hoch erstreckt sich der Bergrücken zwischen Rüdesheim und Assmannshausen, an dessen Hängen die berühmten Weine gedeihen. Die beiden Premiumlagen Rüdesheimer Berg Rottland und Rüdesheimer Berg Schlossberg malen so manchem Weinfreund ein seliges Lächeln auf die Lippen. Die Aussicht vom Niederwalddenkmal ist berauschend und überwältigend. Der Rheingau und der Rhein mit seinen Flussinseln breitet sich majestätisch zu Füßen des Besuchers aus. Gegenüber grüßt Bingen und die Mündung der Nahe. An klaren Tagen geht der Blick weit ins Land, hinüber nach Rheinhessen und in Richtung Mainz.

Blick aus der Kabinenseilbahn

Die Boosenburg vor der Seilbahn

Benediktinerinnenabtei St. Hildegard

Volle Lippen, wallendes Haar und eine etwas walkürenhaft wirkende Statur bestimmen die eiserne Lady auf dem Niederwalddenkmal aus. Es ist die Germania, die ihren Blick gen Westen richtet. Der Anlass zur Erbauung des Niederwalddenkmals war der Deutsch-Französische Krieg 1870/71 und die anschließende Gründung des Deutschen Kaiserreiches. Die patriotische Gesinnung dieser Zeit diente als guter Nährboden für die Realisierung des weithin sichtbaren Denkmals deutscher Einigung. Als monumentale Wacht am Rhein wurde sie 1883 durch Johann Schilling errichtet. Knapp 11 Meter misst die Figur, die auf einem 25 Meter hohen Sockel thront. Große Aussichtsterrassen umrunden das Denkmal, das von Kaiser Wilhelm I. höchst persönlich eingeweiht wurde. Die mit allem preußischen Pomp geplante Feier wurde allerdings durch einen verfrühten Kanonenschuss am Rhein außer Takt gebracht. Die kaiserliche Rede endete damit abrupt im freudigen, aber zu frühen Böllerschussgetöse.

Hat man die beeindruckende Germania mit dem reich verzierten Skulpturenfries ihres Sockels ausreichend studiert, sollte der historische Ostein-Park nicht ausgelassen werden. Der Landschaftspark Niederwald besticht durch die seit 1764 entstandenen Bauten und Aussichtspunkte des Grafen von Ostein, der damit als Vorläufer der späteren Rheinromantik sein persönliches Arkadien schuf. Ursprünglich als Jagdwald gedacht, erhielt der Waldpark zuerst hölzerne, später steinerne und durchaus wundersame Raststationen. Den imposanten Rundtempel, die künstliche Ruine Rossel, die versteckte Zauberhöhle und den luftigen Rittersaal ließ der Aristokrat entlang der Promenaden anlegen und schuf damit berauschende Aussichtspunkte über dem Rheinstrom.

Vom märchenhaften Naturerlebnis führt der Weg über schöne Wanderwege zurück nach Rü-

Vater Rhein und Tochter Mosel am Niederwalddenkmal

desheim oder aber auch weiter durch die Weinberge, vorbei an der doppeltürmigen Burgruine Ehrenfels, die gemeinsam mit dem wunderbar im Blick liegenden Binger Mäuseturm den Strom bewachte und Zoll erhob. Von hier aus sind es nur noch wenige Kilometer bis nach Assmannshausen. Der zu Rüdesheim gehörige alte Weinort zeigt den Charme der Rheinromantik und bietet im Sommer den schönen Anlass, in lauschigen Gastgärten und Caféterrassen dem süßen Müßiggang zu frönen. Die Schokoladenseite des Ortes zieren historische Hotels wie die „Krone", wo Dichter, Denker und gekrönte Häupter über die Jahrhunderte hinweg zu Gast waren. Auf alle Fälle sollte diesem himmlischen Erlebnis auch ein echter Höllengenuss folgen. Assmannshausen ist eine der ganz wenigen Rotwein-Enklaven am Rhein, und die Lage Assmannshäuser Höllenberg bringt wunderbare Spätburgunder in glühendem Rubinrot hervor.

▲ *Niederwaldtempel*

▲ *Assmannshausen*

Blick von der Ruine Ehrenfels zum Mäuseturm und Bingen

Gegenüber von Rüdesheim liegt Bingen am Zusammenfluss von Rhein und Nahe. Die lebendige Stadt ist untrennbar mit einer großen Frau des Mittelalters verbunden. Die berühmte Klosterfrau und Seherin Hildegard von Bingen (1098–1179) erreichte für ihre Zeit ein außergewöhnlich hohes Alter und konnte am Ende auf ein reiches und wirkungsvolles Leben zurückblicken. Papst und Kaiser ehrten diese Frau, die sich nicht nur in der Theologie einen großen Namen erarbeitet hat. Sie verfasste heilkundliche Schriften und Bücher, besaß umfangreiches Kräuterwissen und komponierte sogar als Ausdruck der göttlichen Harmonie über 70 Gesänge. Auch wenn auf den ersten Blick nicht mehr viel Historisches im Stadtbild auf die von Papst Benedikt XVI. 2012 heilig gesprochene Kirchenlehrerin verweist – Hildegard von Bingen ist spürbar und präsent. Der Hildegarten beispielsweise am Museum am Strom präsentiert zahlreiche von Hildegard beschriebene Kräuter und bringt dem Besucher in Texten und Schautafeln ihre Worte und Ansichten zur Nutzung und über Heilfunktion der Pflanzen näher. Der Binger Hildegard-Weg durch die Stadt, bietet nicht nur Begegnung und Auseinandersetzung mit ihrem Leben und Werk, sondern führt den Besucher auch zu Geschäften und Orten, wo Produkte zu ihrem Thema angeboten und erwerbbar werden. Umfassend be-

Hildegard von Bingen

Bingen mit der Burg Klopp

richtet auch die große Hildegard-Ausstellung im Museum am Strom über die berühmte Klosterfrau.

Nicht weit von Bingen auf dem Rupertsberg befinden sich noch die Überreste ihres einstigen Klosters, wo sie als Äbtissin wirkte und arbeitete. Auf dem Rochusberg, der sich direkt über der Stadt erstreckt, liegt das Hildegard-Forum der

▲ *Burg Klopp* ▼ *Mäuseturm und Ruine Ehrenfels*

▲ *Bingen und Bingerbrück an der Nahemündung*

Kreuzschwestern. Wie eine Oase wirkt der Ort, der Ruhe und Einkehr schenkt, aber auch Raum für Begegnung und Bildung bietet. Das Forum beherbergt eine Gaststube, einen Klosterladen mit Angeboten zum Thema der heiligen Hildegard, eine Begegnungsstätte und einen Kräuter- und Obstgarten, der nach mittelalterlich-benediktinischem Vorbild gestaltet wurde.

Wer Leben und Werk der großen Mystikerin und Seherin genügend genossen hat, für den hält Bingen noch eine ganze Reihe weiterer interessanter Sehenswürdigkeiten und Erlebnisorte bereit. Gar nicht weit vom Hildegard-Forum liegt die Kapelle auf dem Rochusberg. Das heute in spätgotischer Architektur weit über das Rheintal strahlende Bauwerk hat eine äußerst bewegte Geschichte von Erbauung und Zerstörung und immer wieder Erneuerung hinter sich. Seine Entstehung ist dem Schwarzen Tod geschuldet. So wurde die Pest im Mittelalter genannt und selbst 1666 schlägt sie hier am Rhein unerbittlich zu. Über 1300 Menschenleben fordert die todbringende Seuche. In der größten Not geloben die Bürger der Stadt den Bau einer Kapelle zu Ehren des heiligen Rochus, die binnen eines Jahres Vollendung findet. Ab da kommt die Kapelle nicht mehr zur Ruhe. Zwischen 1689 und 1814 wird sie durch französische Truppen geplündert, einmal wieder baulich erweitert, ein anderes Mal wird sie der Raub der Flammen und bleibt zerstört. Als sich Typhus in der Stadt ausbreitet, besinnen sich die Bürger der alten Rochusverehrung, und die Kapelle wird wieder aufgebaut. 1814 findet die feierliche Einweihung statt, selbst Geheimrat Goethe weilt extra zur Feier des Rochusfestes am Rhein. 1889 schlägt der Blitz ins Dach ein und vernichtet die Kirche aufs Neue, kurz vor der Vollendung aufwendiger Restaurierungsarbeiten. Bis 1895 wird sie schließlich wieder aufgebaut und eingeweiht. Das Binger Rochusfest wird bis heute gefeiert.

Wie beruhigend wirkt gegenüber dieser wechselvollen Geschichte der beeindruckende Blick vom Rochusberg hinab auf den träge dahinfließenden Vater Rhein. Wieder hinab im Tal erwarten den Besucher noch erlebbare Spuren der Geschichte aus nahezu 2000 Jahren. Die Römer hielten die Lage am Zusammenfluss von Nahe und Rhein als strategisch günstig, siedelten hier und erbauten das spätantike Castrum. Besondere

St.-Martin-Basilika

Alter Rheinkran von 1787

Beachtung gilt einem einzigartigen Fund aus dieser Zeit. Das Besteck eines römischen Arztes wird wie ein Schatz im Museum am Strom gehütet. Das einstige Elektrizitätswerk wirkt in seiner neogotischen Bauweise ein wenig wie ein Sakralbau des modernen Zeitalters und fügt sich damit in die zahlreichen Gebäude der Stadt ein, die wie die Stiftskirche St. Martin, die Rochuskapelle oder auch der Binger Mäuseturm in gotischer wie neogotischer Bauweise erstrahlen.
Letzteres Bauwerk steht im Rhein auf einer Insel und wirkt mit der Burgruine Ehrenfels auf rechter Rheinseite im Hintergrund wie ein Postkartenmotiv der Rheinromantik. Dabei war die Sage über den hartherzigen Bischof Hatto und seine Flucht in den Turm alles andere als romantisch. Der einstige Bischof hatte seinen Untertanen so viel Leid angetan, sich an ihrem Hunger ergötzt und sie im Sterben als Mäuse tituliert, denen man den Garaus machen muss. Vor echten Mäusen flüchtete er dann später in den vom Wasser umfluteten Turm im Rhein, doch die Nager holten sich den bösen Bischof Hatto. Die wahre Geschichte des Binger Turms an markanter Stelle im Rhein liegt in seiner besonderen Lage im Fluss und der damit verbundenen Zollstation. Für die Rheinromantik ein malerischer Fels in der Brandung!

Drususbrücke

▲ ▼ *Rochuskapelle auf dem Rochusberg*

▼ *Museum am Strom*

So klein der Ort, so reich an mittelalterlichen wie romantischen Baujuwelen. Trechtingshausen beherbergt mit Burg Rheinstein und Burg Reichenstein gleich zwei markante Burgen im Welterbetal. Wie ein Falkennest thront Burg Rheinstein hoch über dem Fluss. Ihr erging es wie vielen Burgen am Rhein. Erbaut, umkämpft, zerstört und im Zeitalter der Romantik wieder aufgebaut.

Der große preußische Baumeister Friedrich Schinkel nahm sich der Burg an. Später erwarb sie Prinz Friedrich von Preußen, der die Kapelle und auch das malerische Schweizerhaus oberhalb auf der Bergkuppe als Gästehaus erbauen ließ. Der Ausblick von hoher Burgzinne und dem pittoresken Schweizerhaus ist fantastisch. Ein schöner Rundwanderweg führt vom wildromantischen Morgenbachtal durch lichte Wälder hinauf zum einstigen Gästehaus und zur Burg.

Burg Reichenstein wirkt dagegen in ihrer Färbung des alten Mauerwerks wie in die Landschaft integriert, und mancher wird zweimal schauen, um die exakten Umrisse zu erkennen. Ein Besuch führt durch eine Ausstellung von zahllosen Jagdtrophäen aus vier Kontinenten, Möbeln und Porzellan und einer großen Ofenplatten-Sammlung. Am Fluss selbst liegt die hübsche romanische Clemenskapelle und beschließt mit der St.-Michaels-Kapelle, dem ehemaligen Beinhaus des Ortes, das Zusammenspiel aus Burgen, Landschaft und Religion.

Burg Rheinstein zwischen Bingen und Trechtingshausen

▲ *Kapelle auf Burg Rheinstein*

Burg Reichenstein über Trechtingshausen

Clemenskapelle vor der Burg Reichenstein

▲ *Burg Sooneck*

Der alte Weinort verrichtete jahrhundertelang Schiffs- und Lotsendienste. Kannten die Anwohner doch die Tücken und Felsen des berüchtigten Binger Lochs im Rhein sehr gut. Neben einigen hübschen alten Fachwerkhäusern im Ort besitzt Niederheimbach die Heimburg direkt oberhalb des Ortes. Der Großindustrielle Hugo Stinnes baute sie um 1920 als Sommersitz in neugotischem Stil aus. Als einstiges Raubritternest sitzt die Burg Sooneck hoch über dem Fluss und hat wohl so manchem Reisenden im Mittelalter Angst und Schrecken eingejagt. 1834 kam sie in den Besitz von Kronprinz Friedrich Wilhelm von Preußen. Im Innern wirkt die Burg wohnlich-intim und atmet den Geist der Rheinromantik. Die wertvolle Ausstattung und auch der herrliche Ausblick lohnen den Besuch von Sooneck.

Niederheimbach mit der Burg Hohneck (Heimburg)

Lorch

Hier begann einst der gefahrvolle Schiffsweg durch das Binger Loch, der manchen Kaufmann und Reisenden dazu bewog, lieber den Landweg zu nehmen. In Lorch wurde auf- und umgeladen, was dem Ort neben dem lukrativen Weinbau über lange Zeit ein gutes Auskommen sicherte. Einige stattliche Gebäude wie beispielsweise das Hilchenhaus oder auch der ausdruckstarke große Holzschnitzaltar in der Pfarrkirche St. Martin künden vom Wohlstand des mittelalterlich wirkenden Ortes. Der spätgotische Hochaltar gehört zu den größten seiner Art in Deutschland. Oberhalb des Ortes liegen die Reste der Burgruine Nollig. Als Teil der einstigen Stadtbefestigung kann sie heute vom Tal her über die „sagenhafte Teufelsleiter" erklommen werden. Himmlisch hingegen ist der Ausblick von dort, wo rheinabwärts schon in der Ferne die Silhouette von Bacharach grüßt.

▲ *Burg Nollig*

Lorch mit der Kirche St. Martin

Bacharach besitzt alles, was der Besucher als perfektes Bild der Rheinromantik erwartet. Schon von Weitem sind die markanten Türme der Stadt, die filigrane Ruine der gotischen Wernerkapelle wie auch der imposante Turm der Burg Stahleck zu erkennen. Sie sind wichtige Mosaikteile des romantischen Rheinerlebnisses, das Reisende früherer Jahrhunderte wie auch den heutigen Gast begeistert. Victor Hugo, der große französische Schriftsteller, besuchte auf seiner Rheinreise auch Bacharach und geriet ins Schwärmen. Als eine der schönsten Städte bezeichnete er die alte Stadt, die in früheren Zeiten als wichtiger Weinumschlag- und Handelsplatz weithin bekannt war. Von hier gingen die mit wertvoller Fracht beladenen Schiffe zum wichtigen Handelszentrum Köln und weiter den Rheinlauf hinab bis in die Niederlande und von dort weiter nach England. Ein nicht nur wortwörtlich geschmackvolles, sondern auch einträgliches Geschäft für die Bürgerschaft von Bacharach. Heute ist die Stadt wie ein offenes Buch, in dem der Besucher nicht nur die Geschichte der Stadt quasi wandernd erlesen, sondern auch an vielen Ecken die Rheinromantik hautnah spüren kann. Die lauschigen Gassen und Winkel wirken wie eine Zeitreise und zeigen hinter jeder Biegung neue Postkartenidyllen. Die weithin noch intakten Wehrgänge und Türme der alten Stadtmauer laufen bis heute schützend um Bacharach, obwohl die zahlreichen Besu-

▲ *Burg Fürstenberg in Rheindiebach*

Fahrgastschiff Stolzenfels vor Bacharach und der Burg Stahleck

Wernerkapelle

cher und auch die nahe Bahnstrecke längst die Stadt mit beherrschen.

Hat der Besucher die engen Durchgänge von alter Wehrmauer oder Tortürmen hinter sich gelassen, führen die Wege meist hin zum Zentrum rund um die schöne gotische Pfarrkirche St. Peter. Mit ihrer reichen Ornamentik zeigt sie ein gelungenes Baubeispiel des Übergangs von der Romanik zur Gotik. Rund um St. Peter gruppieren sich in nächster Nähe einige der schönsten Fachwerkbauten des Ortes. Das Alte Haus von 1368 zeigt sich als Prachtexemplar rheinischer Fachwerkkunst. Giebel, Ecktürmchen und Rokokotüren beweisen das Gespür für Schönheit seiner Erbauer. Nicht weit davon liegt der Alte Posthof, den der Besucher durch

Alte Münze

▲ Burg Stahleck

Pfarrkirche St. Peter

Bacharach am Rhein mit Burg Stahleck

ein wunderschön gestaltetes Sandsteintor betritt. Die sich öffnende Ansicht würde jeden Maler in Bann ziehen. Der lauschige Innenhof, umrahmt von stattlichen Fachwerkschönheiten, und im Hintergrund erhöht liegend die schlanken steinernen Fenstersegmente der Ruine der Wernerkapelle.

Dieses romantische Kleinod darf sich der Besucher nicht entgehen lassen. Über den „Malerwinkel" mit seiner idyllischen Komposition aus hübschen Gebäuden und blühenden Blumenampeln zieht sich der Weg hinauf zur hochgotischen Wernerkapelle. Ihr Name und der Anlass zur Erbauung ergab sich aus dem gewaltsamen Tod eines Jungen namens Werner, der im Mittelalter ohne jeden Beweis der damaligen Judengemeinde angelastet wurde. Um 1287 wurde mit dem filigranen, zarten Kirchenbau begonnen, der schon bald zum Wallfahrtsort wurde. Im Zeitalter der Rheinromantik wurde die Kirchen-

ruine zu einem Symbol des der Natur zugewandten Lebensgefühls, das unzählige Male skizziert, gezeichnet und gemalt wurde und auch heute immer wieder gerne fotografiert wird.
Nicht minder fotogen wirkt die Burg Stahleck, die 1194 mit der geheimen „Hochzeit von Stahleck" Geschichte geschrieben hat. Der Sohn Heinrich des Löwen heiratete hier die Tochter von Pfalzgraf Konrad. Heute lässt sich hier in einer der interessantesten Jugendherbergen Deutschlands gut und außergewöhnlich nächtigen.

Altes Haus

Marktturm

Kranenturm

Blick in den Posthof

Willkommen im einstigen Freistaat Flaschenhals! Was wie eine Posse aus längst vergangenen Tagen klingt, war vor nicht mal hundert Jahren hier in Kaub Wirklichkeit. In den Jahren nach dem Ersten Weltkrieg, zwischen 1919 und 1923, spielten Kaub und seine Umgebung eine politisch ungewöhnliche und durchaus kuriose Rolle. Eine eigene Verwaltung und sogar ein eigenes Notgeld konnte der Freistaat „en miniature" für sich in Anspruch nehmen. Und wo Grenzen den Warenaustausch fördern oder erschweren, da entwickelt sich Schmugglertum wie hier um Kaub. Spannend und ein wenig abenteuerlich muss es damals zu den Freistaat-Zeiten gewesen sein. Ein vielleicht viel größeres Abenteuer ereignete sich hier in der Neujahrsnacht 1813 auf 1814. Da zog Generalfeldmarschall Blücher mit seinen Truppen über den Rhein, um dem auf Rückzug befindlichen Napoleon I. zu folgen. Der französische Monarch und Feldherr war in Russland und dann bei Leipzig vernichtend geschlagen worden und Blüchers Verfolgung über den Rhein sollte später der berühmten Schlacht bei Waterloo entscheidend zum Sieg verhelfen. Ein riesiges Unterfangen und eine organisatorische Meisterleistung muss es damals gewesen sein. Überquerten doch rund 60.000 Soldaten, 15.000 Pferde und über 180 Geschütze den Rhein. Dem berühmten „Marschall Vorwärts" kann der Besucher noch immer begegnen. Sein Denkmal steht direkt an der Rheinfront von Kaub, und Blüchers Hand weist entschlossen nach vorne. Mehr an Information über diese nennenswerte Nacht bietet das Blüchermuseum, und auch die

Burg Pfalzgrafenstein wurde als Zollwache errichtet

Kaub

Pfalzgrafenstein vor Kaub. Im Hintergrund Burg Gutenfels.

Burg Gutenfels

▲ *Anleger und Pegelturm*

Blücherdenkmal

Blüchertage, ein großes Historienfest, finden jedes ungerade Jahr an Pfingsten statt.
Wie gut, dass bei der Rheinüberquerung die Insel des Pfalzgrafensteins den Soldaten beim Bau ihrer Pontonbrücken Hilfe bot. Die außergewöhnliche Zollburg aus dem 14. Jh. erscheint wie ein steinernes Schiff, wo Bug und Heck und selbst der Hauptmast in Form des großen Turmes zu erkennen sind. Am Pfalzgrafenstein kam keiner ungesehen vorbei, und bis heute ist das wunderschöne Bauwerk mitten auf felsiger Insel im Rhein eines der meist bewunderten und auch fotografierten Ansichten im Welterbetal. Überhaupt ist Kaub mit seiner schönen Rheinfront, den steilen Weinbergen im Hintergrund und Burg Gutenfels auf steiler Höhe wie aus einem Bilderbuch entsprungen. Die Burg geht auf die Zeit der Staufer zurück und beeindruckt in ihrer massigen, schnörkellosen Gestalt, wo nur die zarten Rundbogenfenster die abwehrenden Mauern mildern.

Der Loreleyfelsen mit Burg Katz und Burg Maus am rechten und Burg Rheinfels am linken Rheinufer

Die Ruinen der weitläufigen Burg Rheinfels dominieren das Bild des Rheinortes. Einst eine der größten und wehrhaftesten Festungsanlagen am Rhein, zeugen ihre Überreste noch heute von ihrer Bedeutung. 28.000 Franzosen soll sie getrotzt haben, doch ihre Tage waren mit der napoleonischen Zeit am Rhein gezählt. Ein Besuch der Burg mit ihren weit verzweigten

Stiftskirche in St. Goar

oberirdischen wie unterirdischen Gängen und Tunneln gleicht einem Abenteuer, wo die Fantasie auf Reisen gehen darf. Das Schlosshotel gleich nebenan bietet dagegen Burgerlebnis der äußerst komfortablen Art. Der Ausblick von der Terrasse dort ist allemal einen Kaffee, Kuchen oder Eisbecher wert.

Burg Rheinfels wurde mehrfach belagert und schließlich in den napoleonischen Kriegen zerstört

Nicht wenige erreichen den Loreley-Rheinort vom Wasser aus. Die Fähre zwischen St. Goar und St. Goarshausen ist nicht nur Lebensader der Region, sondern auch ein echtes Kulturdenkmal. Gibt es doch bis heute keine Brücke zwischen Koblenz und Mainz. Die Verbindung zwischen den beiden Rheinufern wird daher seit Jahrhunderten durch den Fährverkehr sichergestellt. Ein schönes Postkartenmotiv lässt sich von hier erwandern. Vom Patersberg, der hinter dem Rheinort aufsteigt, erhält der Besucher einen exzellenten Blick auf die gegenüber liegende Burg Katz. Burg, Weinberge und der Rhein bringen hier jeden Rheinreisenden ins Schwärmen. Die Burg mit ihren beiden Zwillingstürmen stammt aus dem 14. Jh. und mag ihren Namen aus ihrer Lage hoch über dem Rhein erhalten haben. Wie eine Katze, die sich anschickt, ihren Rheinzoll zu krallen – so könnte sie zu ihrem Namen gekommen sein. Wahrscheinlicher ist die Erklärung durch den Namen des Grafengeschlechts derer von Katzenelnbogen. Ebenfalls auf aussichtsreicher Bergkuppe befindet sich das Loreley-Besucherzentrum und die berühmte Open Air-Bühne, wo sich Operndiven und Rockmusikgrößen gleichermaßen im Schatten der schönen Loreley wohlfühlen.

Burg Katz

Burg Katz über St. Goarshausen

Auch hier findet sich wie an manch anderer Stelle im Mittelrheintal ein kleiner Ort zu Füßen einer großen Burg. Wellmich wird überragt von der imposanten Burg Maus. Ein kurioser Name für eine Burg, die sich mit mächtigen Mauern umgab, um ihre Wehrhaftigkeit unter Beweis zu stellen. Eine streitbare Maus die brüllen konnte. Kommt einem da nicht der ebenfalls ungewöhnliche Name der benachbarten Burg Katz in den Sinn? Der Rheinreisende hat richtig kombiniert, denn die Herren von Katzenelnbogen waren es, die der feindlichen Burg in Wellmich den Spottnamen Maus verliehen. So mag sich hier vor langer Zeit ein echtes Katz-und-Maus-Spiel zugetragen haben. Ob jedoch die Maus der Katze immer unterlag, verschweigt die Geschichte. Heute ist die 1355 erbaute und jetzt private Burg zu einzelnen kulturellen Veranstaltungen

Burg Maus erhielt ihren Namen vom Grafen von Katzenelnbogen.

für die Öffentlichkeit zugänglich. Der Rheinsteig führt an ihr vorbei und ist ein abwechslungsreicher Rundwanderweg, der von St. Goarshausen zu ihr und dann am Rhein zurückführt. Ein guter Grund, um den Wagen, die Bahn, das Schiff oder den Drahtesel einmal zu verlassen.

Burg Maus über Wellmich

Vielleicht mag es reiner Zufall sein, dass genau hier ein Kloster gegründet wurde, wo vor langer Zeit ein schlimmer Bruderzwist Trauer und Schatten über die beiden beteiligten Familien legte. Hoch über dem Wallfahrtsort Kamp-Bornhofen liegen die Burgen Sterrenberg und Liebenstein. Die Sage erzählt von den beiden feindlichen Brüdern, die sich so sehr entzweiten, dass eine hohe Mauer zwischen beiden Burgen gezogen wurde. Diese steinerne Mauer steht tatsächlich noch zwischen den beiden Anlagen und mag damit Realität und Legende verwischen. Das Franziskanerkloster mit seinem berühmten Gnadenbild der schmerzensreichen Mutter Gottes ist auf alle Fälle auch so manchem Flößer und Schiffer von damals einen Besuch wert gewesen. War doch die Flößerei von Holz in die Niederlande ein lukratives, aber auch gefährliches Geschäft. Wahre Floß-Giganten wurden aus vielen Baumstämmen zusammengeschnürt und von hier weit den Rhein hinab manövriert.

▲ *Gemälde des Klosters aus dem Jahr 1830*

▲ *Burg Sterrenberg*

Wallfahrtskloster vor den „feindlichen Brüdern" Burg Sterrenberg und Liebenstein (rechts)

Wo sonst mittelalterliche Stadtpanoramen, Burgmauern und Wehrtürme den Blick schon von Weitem auf sich ziehen, ist Boppard die schöne Dame im Ballkleid des 19. Jahrhunderts. Sicherlich, auch hier sind die einst kurfürstliche Burg wie auch die prominenten Türme der altehrwürdigen St.-Severus-Kirche unübersehbar und prägen die reiche Stadtgeschichte. Boppard mit seiner im Sommer überschwenglich blühenden Rheinpromenade ist ein perfekter Ort, um bei Kaffee und Kuchen die Seele baumeln und den Blick schweifen zu lassen. Die Ufersilhouette aus Gebäuden unterschiedlicher Epochen, allen voran die hübsch in Stuck und verspieltem Eisenguss verzierten Hotelfassaden, haben der Stadt den Beinamen „Nizza des Rheins" eingebracht. Ein klein wenig Ähnlichkeit mit dem renommierten Seebad an der Côte d'Azur lässt sich durchaus finden, denn beide Orte haben eine schöne Promenade, reichen Blumenschmuck, interessante Fassaden und zahlreiche Besucher, die das milde Klima und die Annehmlichkeiten der Straßencafés und Hotels schätzen.

Weithin sichtbares Wahrzeichen ist die St.-Severus-Kirche

Blick über den Rhein vom Rheinsteig aus

Die zahlreichen Sonnenstunden und der verhältnismäßig geringe Niederschlag im Mittelrheintal verleihen der Flussregion wirklich schon an manchen ersten Frühlingstagen ein südliches Gepräge. Die Kirschblüte ist das erste große Fest der Natur, wo sich die Hänge an zahlreichen Orten mit weißen Blütenschäumen überziehen. Viel über die artenreiche Flora und Fauna im Mittelrheintal kann der Besucher auf den beiden Premium-Wanderwegen, dem rechtsrheinisch verlaufenden Rheinsteig und dem Rhein-Burgen-Wanderweg auf der linken Uferseite, erfahren. Wer die Fähre von Boppard zum gegenüber liegenden Ufer nimmt und dann im benachbarten Rheinort Filsen den Rheinsteig erklimmt, wird nicht nur mit einer äußerst abwechslungsreichen Natur mit Streuobstwiesen, Trockenwäldern, Felsvorsprüngen, bunten Wiesen und alten Weinbergslagen belohnt, sondern erfährt auch viel in begleitenden naturkundlichen Informationstafeln. Die wohl nachhaltigsten Eindrücke ergeben sich von hier

▲ Der Rheinsteig bietet herrliche Ausblicke

Das Römerkastell

▲ Paraglider über Boppard

Hunsrückbahn über der Hubertusschlucht

Herausforderung Klettersteig

oben jedoch auf Boppard und das majestätisch wirkende Rheintal. Berauschende Ausblicke aus der Vogelperspektive auf eine Gegend, die wie eine malerische Spielzeuglandschaft wirken mag, die aber real existiert und für fast jeden Besucher eine besondere Freizeitidee bereithält.

Die Sesselbahn bringt Besucher bequem zum Vierseenblick

Hoch hinaus kann der Urlauber in und um Boppard gleich in mehrfacher Weise. Der Klettersteig ist allemal ein Nervenkitzel. Ein wenig Kondition ist schon gefragt und vor allem keine Angst vor der Höhe beziehungsweise der Tiefe. Gut gesichert entsteht entlang des Weges Gänsehaut-Feeling mit einzigartigem Naturerlebnis. Bequemer und nicht minder aussichtsreich führt die Sesselbahn den Besucher hinauf in die grünen Wälder, wo die Überraschung wartet: der Vierseenblick.

Der Vierseenblick. Der Rhein erscheint als vier Seen

Boppard

Der „Vierseenblick" hängt vom Standpunkt ab – denn genau hier und nur an diesem Aussichtsplatz erscheint der Rhein plötzlich wie eine Seenlandschaft mit vier glitzernden Augen, eingebettet in ein waldreiches grünes Gesicht. Die optische Täuschung wird durch die große Rheinschleife hervorgerufen, die wie ein windendes Band Boppard berührt. Entlang der weiten, ausladenden Hänge der großen Rheinschleife liegt das bekannte Weinbaugebiet Bopparder Hamm. Es wird von Winzern in und um Boppard bewirtschaftet und bringt exzellente Qualitäten hervor, die manchem Winzer hier vor Ort schon viele Prämierungen und nicht selten höchste Auszeichnungen in den einschlägigen Wein- und Genussführern eingebracht haben. Wer nicht noch höher hinauswill, beispielsweise im Fallschirm über das Rheintal schweben oder mit der Hunsrückbahn die wanderreiche Mittelgebirgsregion des Hunsrücks erklimmend, der sollte einfach in die Gassen der Altstadt von Boppard eintauchen. Ein ganzer Reigen von Festen begleitet den Jahreslauf und so ist die Stadt immer lebendig und ein gern besuchter Ort, gerade auch als wichtiger Haltepunkt auf den Routen der Hotel- und Ausflugsschiffe.

Nicht jedem Besucher ist bewusst, dass Boppard auf eine römische Besiedlung und eine spätrömische Kastellanlage mit beeindruckenden Ausmaßen zurückblicken kann. Relikte aus der Zeit

Die Rheinschleife bei Boppard

des stark befestigten „Bodobrica", so wurde der Ort damals genannt, sind bis heute erkennbar. Die Mauer- und Turmreste gehören zu den am besten erhaltenen römischen Festungsmauern in Deutschland. Über dem einstigen Militärbad wurde später die romanische St.-Severus-Kirche erbaut. Ihr reicher ornamentaler Schmuck und auch die frühchristlichen Zeitzeugnisse wie Grabsteine und das Taufbecken aus dem 6. Jh. reihen das Gotteshaus in die Zahl der bedeutendsten Kirchen im Rheinland ein.
Wer neben Natur auch Kultur und Kunst liebt, der wird nicht nur in den zahlreichen Kirchen, Kapellen und Klosteranlagen von Boppard fündig. Die Stadt war auch Geburtsort eines Mannes, dessen Name unabdingbar mit seiner Erfindung einhergeht und worauf wir alle bestimmt schon das eine oder andere Mal Platz genommen haben. 1796 erblickte Michael Thonet hier das Licht der Welt, experimentierte mit Holz, Dampf und Druck und entwickelte daraus die sogenannten Bugholzmöbel. Später siedelte er nach Wien um und erfand den bis heute als Möbelklassiker bekannten Wiener Kaffeehausstuhl. Über sein Leben und Werk berichtet das Museum der Stadt Boppard, das in der kurfürstlichen Burg zu finden ist. Mit Kaffeehausmöbeln schließt sich auch der Kreis zu Müßiggang, Tortenstück und Promenadezeit in Boppard, dem Nizza des Rheins!

Die Marksburg über Braubach. Sie ist die einzige unzerstörte Höhenburg am Rhein

Wie eine Landmarke thront die Marksburg über dem kleinen Rheinstädtchen Braubach. Sie gilt als Aushängeschild für Burgenherrlichkeit, ist sie doch besonders imposant und dazu die einzig unzerstörte Höhenburg zwischen Mainz und Koblenz. An ihr lassen sich beispielhaft zahlreiche Aspekte des Burgenbaus und des Lebens im Mittelalter ablesen. Bei einem Rundgang erfährt man ganz nebenbei und anschaulich die Herkunft bekannter Redewendungen, wie „auf die hohe Kante Legen“ oder sich „wie gerädert fühlen“. Schon der Durchgang zur Burg mit seiner in Stein gehauenen Reitertreppe oder die speziell ausgerichteten Schießscharten zeigen, wie durchdacht die Baumeister von damals planten. Ein duftender Burgkräutergarten, ein dunkler Weinkeller, die kleine, aber feine Kapelle und die stimmungsvolle Burgküche begleiten den Besucher auf seiner Zeitreise. Unten im Tal locken eine winkelige kleine Altstadt mit Fachwerkschönheiten wie dem „Eckfritz“, der Rosengarten am Rhein, der Renaissancegarten der Philippsburg und die ein

▼ *Die Marksburg stammt aus dem 13. Jahrhundert und gilt als Musterbeispiel einer staufischen Höhenburg* ▲

Obertor in Braubach

Brunnen vorm Kriegerdenkmal

oder anderen Reste der einstigen Befestigung. Hier und da wird der Besucher Jahreszahlen an den Hauswänden entdecken. In Knie-, Hüft-, oder sogar Kopfhöhe liegen die Markierungen. Das sind die historischen Hochwassermarken, die zeigen, dass Vater Rhein sein Bett auch in Braubach öfter verlassen hat.

Blick auf Spay

Im Mittelalter wurde hier große Geschichte geschrieben. Der Königstuhl oberhalb der Stadt erinnert an die Treffen der Kurfürsten, die hier die Wahlen der Deutschen Könige abhielten. Vielleicht mag der majestätische Rheinlauf den einen oder anderen Landesherrn dabei inspiriert haben. Letztendlich spielten aber hier wie so oft Macht und Geld eine Rolle. Nicht ganz unvermögend müssen auch die Erbauer der stattlichen Fachwerkhäuser im Stadtkern von Rhens gewesen sein. Eine ganze Reihe schöner, reich verzierter Bauten, allen voran das Rathaus, schmücken das Zentrum. Ein Bummel führt sicher auch zur hübschen Rheinpromenade, wo man den Transportschiffen und Ausflugsdampfern mit Muße nachschauen kann. Sollte der Abend heraufziehen, kann es passieren, dass einem der Nachtwächter oder der Stadtsoldat begegnen. Die historischen Stadtführungen erfreuen sich großer Beliebtheit in Rhens.

▲ *Königsstuhl*

Fachwerkhäuser im Stadtkern ▼

Rhens mit der Dionysiuskirche (rechts). Im Hintergrund die Marksburg

Ehemalige Zollburg Martinsschloss

Flüsse sind oft auch Grenzen und so mag der Zusammenfluss von Rhein und Lahn die Gemüter einst erhitzt haben. Die alte Zollburg Martinsschloss und auch die Burg Lahneck zeugen wie die Reste der einstigen Stadtmauer von der Wehrbereitschaft Lahnsteins. Wer heute durch die Straßen und Gassen schlendert, wird immer wieder auf Mauerteile und Stadttürme stoßen, die sich im Laufe der Zeit fast nahtlos in spätere Wohnbebauung integriert haben. Zu den ältesten Zeugnissen gehören das Johanneskloster mit seiner romanischen Basilika aus dem 12. Jh., das alte Rathaus um 1500 und der Hexenturm mit seinen Stadtmauerteilen. Die Burg Lahneck atmet nach außen hin den romantischen Schein des Mittelalters, wurde aber im 19. Jh. wie so viele ihrer Burgenschwestern am Rhein in neogotischem Stil wieder aufgebaut. Eine traurig-schöne Geschichte rankt sich wie Efeu um die einstige Burgenruine. Die junge Engländerin Idilia Dubb reiste mit ihren Eltern in Zeiten der Rheinromantik entlang des Flusses und stieg eines Tages alleine zur Burg Lahneck hinauf. Auf der Turmesspitze angekommen, brach hinter ihr die Treppe zusammen und so wurde sie zur tragischen Gefangenen, deren Hilferufe und Zeichen von Weitem als Gruß einer Burgenbesucherin

Burg Lahneck

▲ *Im historischen Wirtshaus war schon Goethe zu Gast*

▲ *Allerheiligenberg-Kapelle über der Lahn*

Die Ruppertsklamm

missverstanden wurden. Ihr Ende war damit besiegelt.

Rheinromantik zeigt eben auch die Vergänglichkeit, die nicht nur um Burgmauern und Kirchenruinen weht. Vielleicht war dies dem großen Dichterfürsten Johann Wolfgang von Goethe durchaus bewusst, liebte er doch die Freuden des Lebens, den Wein und die holde Weiblichkeit. Im berühmten Wirtshaus an der Lahn, wo Frau Wirtin die Fuhrleute wohl versorgte, da ist auch Goethe eingekehrt und soll sich dichterisch inspiriert gefühlt haben. Das Gasthaus liegt noch heute direkt an der Lahn. Gut gestärkt könnte von hier aus der Weg zum Allerheiligenberg mit seiner Kapelle oder direkt in die wildromantische Ruppertsklamm führen. Letzteres ein Naturerlebnis zwischen Felsen, Farnen und Fußwegen, wo die Fantasie auf Reise gehen darf.

Schloss Stolzenfels

▲ Im Pergolagarten

▲ Vorburg und Stallungen

Ein wenig Ähnlichkeit mit einem Märchenschloss hat Stolzenfels hoch über dem gleichnamigen Koblenzer Stadtteil unweigerlich. Der Anstrich wirkt heiter und nicht so düster wie manch alte Wehrburg, deren Mauerwerk den Putz von einst schon längst verloren hat. Verspielt und leicht ist es, seine Zinnen streben nach oben und insbesondere die Kapelle mit ihren filigranen Türmchen wirkt, als schwebe das helle Schloss im schattigen Wald, der es umgibt. Seine Wurzeln liegen im Hochmittelalter, zerstört wurde es im 17. Jh. und lag dann eine ganze Weile im Dornröschenschlaf, bis die Stadt Koblenz die Ruine dem späteren König Friedrich Wilhelm IV. 1823 als Geschenk übergab. Die Ratsherren wussten wohl um die Leidenschaft des Kronprinzen für das Rheintal. Alsbald setzte der Wiederaufbau ein. Keine Geringeren als die berühmten preußischen Baumeister Karl Friedrich Schinkel und Friedrich Stüler sowie der bekannte Gartendi-

Blick zur Schlosskapelle und dem Rhein

Im Saal des Wohnturmes

rektor Peter Joseph Lenné schufen hier ein Ensemble aus Schloss- und Gartenanlagen, das die Rheinromantik des 19. Jh. in schönster Weise widerspiegelt. Das Innere, die reiche Wohnausstattung der Sommerresidenz Friedrich Wilhelms IV. und auch die Gartenbereiche, darunter als grünes Juwel der intime Pergolagarten, sind Höhepunkte einer Rheinreise.

Der Rittersaal

In der Schlosskapelle

Das Deutsche Eck mit der Reiterstatue Kaiser Wilhem I. Hier mündet die Mosel in den Rhein.

▲ *Kaiserin-Augusta-Anlagen*

▲ *Das Weindorf in den Rheinanlagen*

Vater Rhein und Mutter Mosel

Koblenz und seine Lage an Rhein und Mosel verleihen der Stadt ihr besonderes Flair. Die einst preußische Residenz- und Festungsstadt bewohnten über längere Zeiträume hinweg der spätere deutsche Kaiser Wilhelm I. und seine Gemahlin Augusta. Kaiserin Augusta hatte besonderen Gefallen an der Region gefunden, verbrachte sie doch mehrere Sommer hier am Rhein. Den berühmten preußischen Gartenbaumeister Lenné beauftragte sie mit der Schaffung eines Landschaftsgartens, der sich entlang des Rheinufers ziehen sollte. Heute erstrecken sich die Rheinanlagen über rund vier Kilometer und bieten wunderbares Stadtgrün nahe am Wasser. Die Bundesgartenschau 2011 hat Koblenz verwandelt und der Stadt in vielen Bereichen einen neuen grünen Anstrich verliehen. Die histori-

Die lange Tafel vor dem Kurfürstlichen Schloss

schen Rheinanlagen, allen voran die Bereiche rund um das klassizistisch gehaltene Kurfürstliche Schloss, wurden in diesem Zuge nach alten Vorbildern neu gestaltet. Heute kann man die zwischen 1777 und 1793 erbaute Residenz in Teilen besuchen. Zum Rhein hin öffnet sich der prächtige Schlossgarten, wo Rosenrabatten den Weg zu Vater Rhein und Mutter Mosel weisen. Das Denkmal kommt seit 2011 wie viele andere Wegstationen zu neuen Ehren und begleitet den Besucher auf seinem abwechslungsreichen Spaziergang am Rhein. Unweit des Pegelhauses legen die Schiffe für Rundfahrten und Linienverkehr ab und an. Eine Fahrt den Rhein oder auch die Mosel hinauf gehört zu den schönsten Erlebnissen am Mittelrhein.

▲ *Ehemaliges preußisches Regierungsgebäude*

Pegelhaus ▶

Ein Erlebnis auf Zeit: die Seilbahn zur Festung

Entspannter und bequemer lassen sich die grandiosen Landschaften, Burgen, Städte und Dörfer nicht entdecken.

Wie der Bug eines Schiffes wirkt das Deutsche Eck am Zusammenfluss von Rhein und Mosel. Das 37 Meter hohe Reiterstandbild von Kaiser Wilhelm I. gehört zu den imposantesten deutschen Bronzestandbildern. Im 2. Weltkrieg zerstört, blieb das Denkmal Jahrzehnte lang ohne Reiter und diente als Mahnmal für die Deutsche Einheit. Nach der Wiedervereinigung 1990 konnte durch eine private Stiftung das Reiterstandbild neu entstehen. Übers Wasser statt Land kam der Kaiser nach Koblenz zurück und ziert seitdem wieder das Deutsche Eck.

Sein Blick geht hinaus aufs Wasser und er mag das Auge auch auf die gewaltige Festungsanlage auf dem Ehrenbreitstein richten. Die Anfänge der Besiedlung des „Gibraltar des Rheins" liegen mehrere tausend Jahre

Fähre zur Festung Ehrenbreitstein

Der Innenhof der Festung Ehrenbreitstein

▼ *Aussichtsplattform im Park*

zurück. Heute erscheint die Anlage als Paradebeispiel preußischer Festungsarchitektur. Der Blick vom weitläufigen Innenhof hinaus auf Stadt, Land und Flüsse ist berauschend schön. Gleiches lässt sich auch von der modernen Aussichtsplattform berichten, die ebenfalls an die Bundesgartenschau erinnert. Das Festungsplateau hat mit dem Seilbahnbau zur Gartenausstellung eine direkte und kurze Anbindung an das Deustche Eck und die Altstadt erhalten. Eine Fahrt in luftiger Höhe über das Rheintal ist spektakulär und ein Erlebnis für sich. Jetzt könnte ein Bummel durch die gemütliche Altstadt beginnen. Der Münzplatz ist einer der

Reiterstandbild Kaiser Wilhelm I.

vielen schönen Altstadtplätze. Rund um ihn liegen zahlreiche Restaurants, Cafés und Kneipen, wo sich an lauen Sommerabenden viel Ausgehpublikum und Nachtschwärmer ein Stelldichein geben. Florinsmarkt und der „Plan" sind die guten Stuben der Altstadt. Am Plan wurden früher Turniere, Märkte und Veranstaltungen durchgeführt. Später modernisierte der Kurfürst den Platz und legte ihn „plan" an.

Ganz dem mittelalterlichen Koblenz fühlt sich der Florinsmarkt verpflichtet. Um den Platz herum gruppieren sich die im 12. Jh. erbaute Florinskirche, das gotische Schöffenhaus, der Bürresheimer Hof und das alte „Kauf- und Danzhaus" aus dem 15. Jh. Die Fratze des „Augenrollers" oben am Turm erinnert an den schlimmen Raubritter „Lutter von Kobern", der hier in der Gegend sein Unwesen trieb, bis er gefasst und in Koblenz zum Richtplatz geführt wurde. Kurz vor seinem Tode soll er mit den Augen gerollt und den Leuten die Zunge rausgestreckt haben. Dies macht die Fratze bis heute zu jeder vollen und halben Stunde hoch über dem Florinsmarkt.

▲ *Augenroller am Mittelrhein-Museum*

▲ *Südseite der Basilika St. Kastor*

Kastorbrunnen vor St. Kastor

▲ *Liebfrauenkirche*

Weiter geht es zum Jesuitenplatz und Görresplatz. Der Jesuitenplatz ist durch seine schöne, geschlossene Bebauung und die daraus entstandene fühlbare Intimität einer der schönsten Koblenzer Plätze. Gleich neben dem einstigen Jesuitengymnasium steht heute der Schängelbrunnen mit der Koblenzer Kultfigur dem Lausbuben Schang. Die Zugehörigkeit zu Frankreich zwischen 1794 und 1813 hat merklich Spuren hinterlassen. Da entsprangen mehrere kleine Jungen mit Namen Jean der „gelebten zwischenmenschlichen, rheinischen Gastfreundschaft". Später wurde der Name mundartlich zu „Schang", und der kleine Schang wurde eben zum Schängel. Der Lausbub hat wohl einige Streiche den Koblenzer Bürgern gespielt, und selbst heute kann er es nicht lassen. Ein zu naher Standplatz am Denkmal kann zu feuchten Überraschungen führen! Der nahe Görresplatz hingegen zeigt sich großzügig. Sehenswert ist hier der Brunnen und seine rund 10 Meter hohe Historiensäule, die auf verschiedenen Ebenen die über 2000 Jahre

◄ *Alte Burg*

Moselufer mit den Türmen der Florinskirche und der Alten Burg

Koblenz

Jesuitenplatz

Obelisk vor dem Theater

zurück reichende Geschichte der Stadt widerspiegelt. Der Rundgang könnte im Blumenhof enden nahe der alten geschichtsträchtigen Basilika St. Kastor (um 817 n. Chr. begonnen). Ein ruhiger, blühender Platz, wo die Zeit stillzustehen scheint. Hier kann der müde Fuß Erholung finden, darf der Kopf die vielen Eindrücke der Stadt auf einer Gartenbank sortieren. Doch dann geht es weiter, spannt sich der Bogen aus dem Mittelalter hinüber in das 21. Jahrhundert. Das neue „Romanticum“ am Zentralplatz nimmt den Besucher mit auf eine moderne, interaktive Reise durch das UNESCO Welterbetal Mittelrhein.

Historienbrunnen am Görresplatz

Ein Wahrzeichen der Stadt: der Schängelbrunnen

„Rheines Vergnügen"

Wer das Mittelrheintal zwischen Rüdesheim und Koblenz besucht, wird nicht nur mit einer außergewöhnlichen Landschaft und über 2000 Jahren Kulturgeschichte belohnt, sondern kann ganz bestimmt auch bei zahlreichen Festen, Märkten und Festivals auf seinen ganz persönlichen Geschmack kommen. Schon im frühen Jahreslauf erscheinen bunte Kostüme und Fröhlichkeit in vielen Fastnachtsumzügen und Karnevalssitzungen. Der sprichwörtliche rheinische Frohsinn hat ein Herz für die sogenannte 5. Jahreszeit, aber auch danach wird während der zahlreichen Weinfeste am Rhein Stimmung gemacht, die bis spät in die Nacht die Gassen und Plätze der Weinorte zum Schwingen bringt. Musik und Wein gehören gemeinsam mit einer guten Winzervesper einfach zusammen. Die Straußwirtschaften sind in diesem Sinne eine schöne und alte Tradition, wo Wein und Essen einfach, gut und ursprünglich für einige Wochen im Jahr vom Winzer direkt geboten werden. Großartig und beeindruckend ist dagegen das Megaereignis „Rhein in Flammen". Burgen, Städte und Ufer werden illuminiert und mit Feuerwerk in einen einzigartigen Farbenzauber getaucht. Die besten Plätze, um dieses Spektakel zu genießen, sind auf einem der zahlreichen geschmückten und ebenfalls erleuchteten Schiffe, die im Korso dem Farbenmeer folgen. Manch kühner Rittersmann und hübsches Burgfräulein würden hinter so einem Anblick pure Zauberei vermuten. Begegnen kann man beiden auf den Mittelalter-Märkten und Burgenfesten, die sie zu neuem Leben erwecken. Die zahlreichen historischen Anlagen laden geradezu zu Zeitreisen ein.

Ganz gleich, ob einem der Kopf nach Comedy, Gauklertum oder Historienspiel steht oder das Herz für Rockmusik oder Klassik schlägt – im Jahreslauf stehen am Rhein jede Menge Festivals und Open-Air-Konzerte auf dem Programm. Ob große internationale Ereignisse oder kleine, feine regionale Genüsse, ob zu Lande oder zu Wasser auf den weißen Rhein-Traumschiffen – eine Reise ins Tal der Loreley ist in vielerlei Hinsicht ein „Rheines Vergnügen"!

„Rhein in Flammen" auf der Festung Ehrenbreitstein

Inhalt — *Seite*

Das Obere Mittelrheintal auf einen Blick

- es reicht von Rüdesheim und Bingen im Süden bis Koblenz im Norden.
- Länge: 67 Rheinkilometer. Das entspricht rund 5% des 1320 km langen Rheines.
- Seit 2002 Teil des UNESCO-Welterbes.
- Umfasst 48 Städte und Gemeinden in Rheinland-Pfalz und Hessen.
- Ca. 40 Burgen, Schlösser und Festungen befinden sich in diesem Abschnitt.
- 5 Auto- und 2 Personenfähren verbinden die Ufer des Rheins.

Weitere Informationen zum Welterbe Oberes Mittelrheintal erhalten Sie unter:
www.welterbe-atlas.de